BOEKANALYSE

AF126368

De moorden in de rue Morgue

· · · · · · · · · · · · · · · · ·

Edgar Allan Poe

BOEKANALYSE

Geschreven door Cécile Perrel
Vertaald door Nikki Claes

De moorden in de rue Morgue

E<small>DGAR</small> A<small>LLAN</small> P<small>OE</small>

EDGAR ALLAN POE

AMERIKAANSE SCHRIJVER

- **Geboren in Boston in 1809.**
- **Overleden in Baltimore in 1849.**
- **Opmerkelijke werken:**
  - *MS. Gevonden in een fles* (1833), kort verhaal
  - *The Fall of the House of Usher* (1839), kort verhaal
  - *The Purloined Letter* (1845), kort verhaal

Edgar Allan Poe werd geboren in Boston in 1809. Hij was een Amerikaanse dichter en schrijver die een grote invloed had op de literatuur. Hij staat vooral bekend om zijn sombere, mysterieuze verhalen en wordt niet alleen beschouwd als een voorloper van de detectiveroman, maar ook van fantasy en sciencefiction.

Na zijn studie aan de Universiteit van Virginia en een korte carrière probeerde hij zonder veel succes zijn brood te verdienen met schrijven. Hij schreef krantenartikelen, poëzie en zelfs een roman, *The Narrative of Arthur Gordon Pym of Nantucket*. Zijn meest succesvolle werken waren zijn korte verhalen, met name *The Fall of the House of Usher*, *The Man of the Crowd*, *The Black Cat* en vele andere. Hij stierf in 1849 in Baltimore.

DE MOORDEN IN DE RUE MORGUE

HET EERSTE MODERNE DETECTIVEVERHAAL

- **Genre**: kort verhaal
- **Referentie-uitgave**: Poe, E. A. (2016) *The Murders in the Rue Morgue*. CreateSpace Independent Publishing Platform.
- **1e editie**: 1841
- **Thema's**: politieonderzoek, moord, aanwijzingen, deductie, analytisch denken

De moorden in de rue Morgue werd in 1841 gepubliceerd in het Amerikaanse tijdschrift *Graham's Magazine*.

Het verhaal illustreert het analytisch denken via de hoofdpersoon Dupin, een soort detective die zaken oplost met niets anders dan logische gevolgtrekkingen. Terwijl de verteller in Parijs verblijft, wordt de politie in verwarring gebracht door een dubbele moord: Mevrouw en juffrouw L'Espanaye, een moeder en dochter die alleen woonden, zijn op brute wijze vermoord aangetroffen. Er wordt een man gearresteerd, maar het is duidelijk dat hij niet de dader is en er blijven veel zaken onduidelijk. Dupin vindt de echte dader dankzij zijn analytisch denken.

SAMENVATTING

De verteller is in Parijs in de lente en zomer van 1840. Hij raakt bevriend met een man genaamd Dupin, de zoon van een illustere maar geruïneerde Franse familie. Tegelijkertijd wordt de politie in verwarring gebracht door een dubbele moord: een moeder en dochter, mevrouw en mevrouw L'Espanaye, die vrijwel kluizenaars waren in hun huis, worden op brute wijze vermoord aangetroffen.

De buren, gealarmeerd door geschreeuw midden in de nacht, haastten zich naar het huis en hoorden stemmen. Volgens hun zeggen was een van hen Frans en de andere moeilijk te identificeren. Toen ze het huis van de vrouwen binnengingen, vonden ze juffrouw L'Espanaye gewurgd en in de schoorsteen geduwd. Haar moeder werd gevonden achter het gebouw, haar hoofd bijna volledig afgezaagd. Niemand weet van wie de stemmen waren die ze hoorden, want ze waren niet van een van de slachtoffers.

Na een politieonderzoek werd een bankbediende gearresteerd: enkele dagen geleden had hij Madame L'Espanaye geholpen een grote som geld naar haar huis te brengen. Het motief voor de moorden zou dus diefstal kunnen zijn. Echter, bijna al het geld werd gevonden op de plaats van de misdaad. De politie zit op een dood spoor.

Dupin, die de politieprefect kent, slaagt erin toestemming te krijgen om naar L'Espanayes te gaan. Hij inspecteert de plek zorgvuldig en gaat dan naar huis, vergezeld door de verteller.

Dan volgt een gesprek waarin Dupin zijn analytische geest ten volle laat zien.

Volgens hem was er een dierlijke kracht voor nodig om de moeder zo netjes te onthoofden en het meisje in de schoorsteen te duwen. Dupin is er ook in geslaagd de vluchtroute van de moordenaar te vinden, die de politie niet had opgemerkt. Bovendien zijn er twee elementen die hem intrigeren: er zijn vreemde haren gevonden in de hand van een van de slachtoffers, en de vingerafdrukken bewijzen dat het meisje niet door mensenhanden gewurgd kan zijn.

Na enig onderzoek realiseert Dupin zich dat de sporen in de nek van het meisje zijn achtergelaten door een orang-oetan, en het blijkt dat de haren die in het huis zijn gevonden van hetzelfde dier zijn. Het enige probleem is dat geen enkele dierentuin in Parijs een orang-oetan heeft verloren. Het dier moet dus van een zeeman zijn, want een zeeman kan er een hebben meegenomen van zijn reizen.

Om de eigenaar van het dier naar zijn huis te lokken, zet Dupin een aankondiging in de krant dat er een orang-oetan is gevonden. Iedereen die meer informatie wil, moet naar zijn huis komen.

Een Franse zeeman arriveert. Nadat Dupin hem onder druk zet, geeft hij uiteindelijk alles toe. Hij is de eigenaar van de orang-oetan, die inderdaad de moordenaar is. Hij legt uit wat er is gebeurd.

Toen hij op een avond thuiskwam, vond de man het dier dat een mes vasthield en deed alsof hij zich als een man scheerde. Toen het zijn meester zag, werd het bang en rende weg, nog steeds met het mes in de hand. Een achtervolging volgde midden in de nacht in de straten van Parijs.

Het raam van een helder verlicht huis – dat van L'Espanayes – trok de aandacht van het dier. Het brak in en verraste de twee vrouwen. De zeeman wist achter het dier aan te klimmen, maar omdat hij zich te ver van het raam bevond, was hij gedwongen het tafereel hulpeloos gade te slaan. Met het mes in de hand deed de aap zich opnieuw voor als kapper en zwaaide het mes rond voor het gezicht van mevrouw L'Espanaye. De oude vrouw was echter doodsbang en haar geschreeuw maakte het dier bang, dat in paniek haar keel doorsneed. De dochter viel flauw en de aap wurgde haar in een uitbarsting van woede. Hij schrok echter toen hij het gezicht van zijn meester door het raam zag en probeerde zijn misdaad te verdoezelen door het lichaam van het meisje in de schoorsteen te stoppen. Daarna gooide hij het lichaam van de moeder naar buiten, sprong uit het raam en ontsnapte. De zeeman was bang de schuld te krijgen van de misdaad en vluchtte daarom ook. De stemmen die de buren hadden gehoord waren dus van de zeeman en de aap.

Dupin gaat naar het politiebureau en legt zijn theorie uit. De bankbediende wordt vrijgesproken van schuld en vrijgelaten. De zeeman wordt niet vervolgd, en hij vindt zijn aap terug en verkoopt hem aan een park.

KARAKTERSTUDIE

DE VERTELLER

We krijgen niets te horen over de verteller. We weten niet wat zijn nationaliteit is (we hebben alleen de indruk dat hij geen Fransman is) of zijn leeftijd. We krijgen alleen aan het begin van het verhaal te horen dat hij voor een paar maanden in Parijs is, maar we weten niet waarom.

Bovendien is hij niet de held van het verhaal; hij is er alleen om de feiten te vertellen. Hij zou een versie van Poe zelf kunnen zijn, als schakel tussen Dupin en de lezers.

DUPIN

Dupin komt uit een illustere maar geruïneerde Franse familie. Hij woont in een afgelegen deel van Parijs, met boeken als enige luxe. Door de literatuur ontmoet hij de verteller: ze zijn allebei op zoek naar hetzelfde boek.

Hij is een excentriekeling die van de nacht houdt. Overdag blijft hij thuis met de luiken en ramen dicht om de illusie van duisternis te wekken. s Nachts verlaat hij zijn appartement om door de straten te zwerven.

Hij is voorstander van analytisch denken en steunt logisch redeneren op basis van evidente deducties.

ANALYSE

VERHALENDE STRUCTUUR

De beginsituatie is het begin van het verhaal, het moment waarop de scène zich afspeelt en de personages worden voorgesteld; de situatie is evenwichtig en er is dus geen reden om het verhaal verder te brengen.

- De verteller en Dupin ontmoeten in Parijs. Ze leven vredig en brengen het grootste deel van hun tijd door met lezen of rondslenteren in de stad.

De complicatie is een gebeurtenis die de beginsituatie onderbreekt en het echte verhaal in gang zet.

- Mevrouw L'Espanaye en haar dochter worden brutaal vermoord in hun eigen huis.

De opkomende actie betreft de gebeurtenissen die door de complicatie worden veroorzaakt en die de actie(s) van de held teweegbrengen om het probleem op te lossen.

- Het onderzoek verloopt moeizaam en hoewel er een man is gearresteerd, heeft de politie moeite om de misdaad op te lossen. Dupin gaat naar de plaats van het misdrijf en ontdekt aanwijzingen die de politie heeft gemist of genegeerd, omdat ze niet wist hoe ze die moest interpreteren.

De climax maakt een einde aan de opgaande actie en leidt tot de eindsituatie.

- Dupin beseft dat niet een mens maar een dier de misdaad heeft begaan. Hij vindt de eigenaar van de orang-oetan en krijgt hem zover dat hij alles toegeeft. De misdaad wordt opgelost en de man die ten onrechte werd beschuldigd en opgesloten wordt vrijgelaten.

De eindsituatie is het einde van het verhaal. De situatie is opnieuw stabiel, zoals de beginsituatie, maar ze is veranderd.

- De aap, die was ontsnapt, wordt teruggevonden en verkocht aan een dierentuin, die hem zal kunnen verzorgen. Dupin en de verteller gaan terug naar hun dagelijkse leven.

EEN DETECTIVE KORT VERHAAL

De moorden in de rue Morgue is een kort verhaal.

Een kort verhaal is een verhaal dat in één keer uitgelezen kan worden. Het verscheen voor het eerst in de Middeleeuwen, maar bereikte zijn piek in populariteit pas in de 19e eeuw. Enkele van de populairste schrijvers van korte verhalen uit die tijd in Groot-Brittannië waren Saki (1870-1916), Elizabeth Gaskell (1810-1865) en Charles Dickens (1812-1870), terwijl Poe een succesvol schrijver van korte verhalen was in de Verenigde Staten.

Het korte verhaal heeft de volgende kenmerken:

- Het is altijd een korte tekst, niet meer dan enkele tiental- len bladzijden.

- Het is opgebouwd rond een enkele gebeurtenis. Hier vertelt Poe het verhaal van een dubbele moord en de lezer ziet de oplossing van de zaak.

- Zeer weinig personages communiceren met elkaar. Hier zijn Dupin en de verteller de hoofdpersonen, en er zijn weinig secundaire personages.

- Hun personages zijn niet erg ontwikkeld of helemaal niet ontwikkeld, wat het geval is in *De moorden in de rue Morgue*, omdat we niets weten over de verteller.

- Plaats en tijd zijn beperkt: hier speelt de actie zich alleen af in Parijs en over een zeer korte periode, nauwelijks een paar dagen.

Bovendien is de tekst een kort detectiveverhaal, een genre dat Poe geacht wordt te hebben uitgevonden. Of het nu gaat om een kort verhaal of een roman, een detectiveverhaal draait altijd om het oplossen van een misdaad, die vaak bestaat uit een of meer moorden, door een onderzoeker. De tekst is opgebouwd rond dit uitgangspunt, vanaf de inleiding van de zaak tot de oplossing ervan. De onderzoeker moet dus aan de hand van getuigenissen (van ooggetuigen) en aanwijzingen (d.w.z. de sporen die de misdadiger op de plaats van het misdrijf heeft achtergelaten) zien te achterhalen wat er is gebeurd.

In *De moorden in de rue Morgue is* het enige doel van het verhaal de moordenaar te ontdekken en de zaak tot op de bodem uit te zoeken. Dupin is hier de onderzoeker. Hij beantwoordt inderdaad precies aan het archetype van de detective die aanwijzingen moet ontcijferen om de puzzel in elkaar te passen, waarbij hij zich uitsluitend baseert op logica en analyse. De getuigenissen waarover hij beschikt zijn slechts wat de buren hebben gehoord, maar die zijn zo verward en soms zo tegenstrijdig dat ze weinig helpen. De enige aanwijzingen zijn haren en vreemde wurgsporen in de nek van de slachtoffers.

Bovendien hebben detectiveverhalen altijd verschillende soorten personages:

- Het slachtoffer is vaak degene die alles in gang zet. Hier zijn er twee slachtoffers: Mevrouw L'Espanaye en haar dochter, die brutaal vermoord zijn in hun huis.

- De onderzoeker, die al genoemd is. Meestal is hij lid van de ordehandhavers, maar in dit korte verhaal is dat niet het geval.

- De verdachte is meestal niet de echte dader, maar slechts een persoon die een motief lijkt te hebben om de misdaad in kwestie te plegen. In Poe's korte verhaal is de bankbediende de ideale verdachte.

- De dader is degene die de misdaad werkelijk heeft gepleegd en in eerste instantie aan het recht lijkt te ontsnappen wanneer de politie de verdachte arresteert. Hier is het een orang-oetan, een vreemde dader die niet echt een bepaald motief had maar doodde uit angst.

VERDER LEZEN

REFERENTIE-UITGAVE

Poe, E. A. (2016) *The Murders in the Rue Morgue*. CreateSpace Independent Publishing Platform.

*We horen graag van jou! Laat
een reactie achter op jouw online bibliotheek
en deel je favoriete boeken op social media!*

De uitgever garandeert de betrouwbaarheid van de gepubliceerde informatie, die echter niet onder zijn verantwoordelijkheid valt.

www.50minutes.com

Master ISBN: 9782808689274
Papier ISBN: 9782808610674
Wettelijk depot: D/2023/12603/1347

Omslag: © Primento

Digitaal ontwerp: Primento, de digitale partner van uitgevers.